André Pfeifer

Naterra

Das Zauberschwert – The Magic Sword

André Pfeifer wurde 1968 in
Weimar geboren und ist seiner
Heimat treu geblieben.
Auf zahlreichen monatelangen
Reisen von Alaska bis Australien
entdeckte er seine Liebe zu
Natur und Abenteuer, die auch
in seine Romane einfließt.
www.andre-pfeifer.de

André Pfeifer

Naterra

Das Zauberschwert – The Magic Sword

Illustrationen von – illustrated by

Nicole Bucklisch

Bibliografische Information der Deutschen Nationalbibliothek:
Die Deutsche Nationalbibliothek verzeichnet diese Publikation
in der Deutschen Nationalbibliografie; detaillierte bibliografische
Daten sind im Internet über www.dnb.de abrufbar.

Text:
André Pfeifer
Auszug aus „Naterra - Die Schwerter der vier Elemente"

Übersetzung:
Nicole Pfeifer, Sydney, Australien

Illustrationen:
Nicole Bucklisch

Herstellung und Verlag:
BoD – Books on Demand, Norderstedt

ISBN 978-3-7504-0757-2

Für Maximilian und Nicole
und alle Kinder die Träume haben

For Maximilian and Nicole
and all children who have dreams

Liebe Leser,

dieses Buch enthält eine Fantasygeschichte die euch in eine Welt voller Zauber entführt. Sie ist in zwei Sprachen geschrieben, in Deutsch und in Englisch.

Ihr könnt einfach die beiden Texte abschnittsweise miteinander vergleichen, denn die englische Version orientiert sich so nah wie möglich am deutschen Original. Manchmal sind beide Texte identisch, an anderen Stellen völlig verschieden, denn jede Sprache hat eigene Ausdrucksweisen und Muster.

Und nun viel Spaß mit einer wundervollen Geschichte und vielleicht erschließt sich euch der Zauber der Natur, die uns umgibt.

André Pfeifer
Januar 2020

Dear Reader,

this book contains a fantasy story, taking you into a world full of magic. It is written in two languages, German and English.

You can compare the text section by section as the English version is as close to the wording of the German original as possible. Sometimes, both texts are identical but at other times very different from each other. This is because every language has its own style and pattern.

Now enjoy a wonderful story and maybe it will give you a chance to see the magic of the nature around you.

André Pfeifer
January, 2020

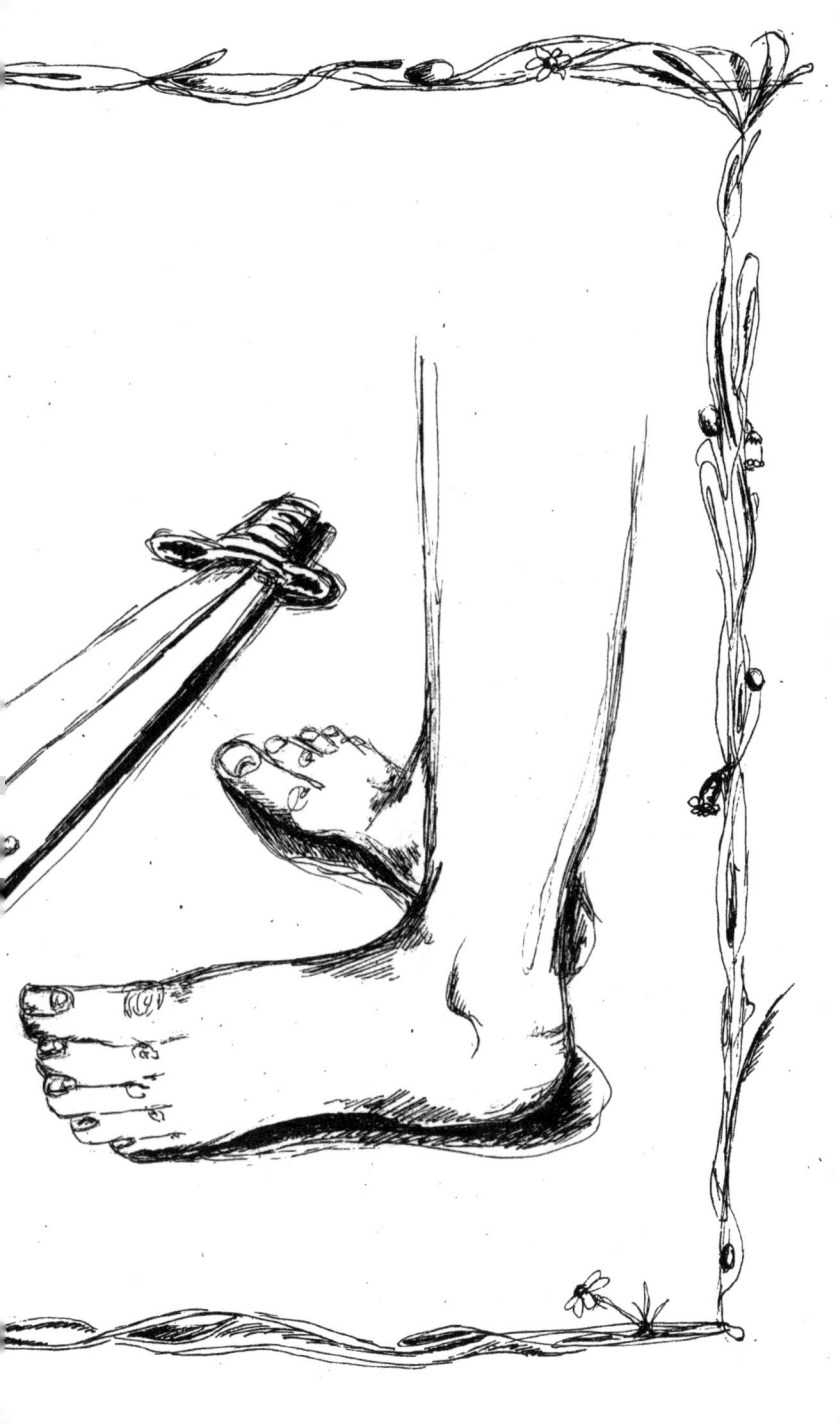

Das Zauberschwert

Wie ist das, wenn wir träumen?
Wo sind wir, wenn wir träumen?

Wir sind in anderen Welten,
ähnlich der unseren und doch anders,
sodass auch wir anders sind.

In unseren Träumen sind wir stark, klug und mutig
und können Dinge tun
und Entscheidungen treffen,
von denen wir nur zu träumen wagen.

The Magic Sword

What is it like, when we dream?
Where are we, when we dream?

We are in other worlds,
similar to ours but still different,
and therefore we are different too.

In our dreams, we are strong, smart and brave,
and can do things
and make decisions
about what we only dare to dream.

Ein Mädchen erwacht im Wald aus tiefem Schlaf. Morgentau liegt auf dem Land. Kleine Wassertropfen glitzern im Licht der aufgehenden Sonne. Aber das Mädchen ist ganz trocken. Nicht ein einziges Tröpfchen ziert seine Kleidung.

Es liegt auf dem Rücken im weichen Moos und betrachtet die goldgrünen Kronen mächtiger Bäume. Die Bäume wiegen sich im Wind und ihre Blätter rauschen, als wollten sie dem Mädchen etwas erzählen.

Aber nicht die Bäume reden mit dem Mädchen, sondern eine kleine Wespe, die um es herumschwirrt. „Enola, komm mit!"

Enola? Ist Enola ihr Name? Sie richtet sich auf und neigt nachdenklich den Kopf zur Seite. Mit der Hand fährt sie durch ihr dunkelblondes langes Haar, während sie die Wespe anblickt. Hat tatsächlich dieses kleine Wesen zu ihr gesprochen? Oder entstehen die Worte nur in ihrem Kopf?

„Enola, komm schon. Komm mit! Du musst uns helfen." Schon fliegt die Wespe voraus.

A girl wakes up from a deep sleep in the middle of the forest. Morning dew covers the ground. Little water drops sparkle in the light of the rising sun. But the girl is dry, not a single drop decorates her clothes.

She lies on her back on soft moss, looking at the golden green tops of huge trees. The trees sway in the wind with their leaves rustling as if they had something to say to the girl.

But it's not the trees who speak to the girl. A small wasp buzzes around her head. "Enola, come with me!"

Enola? Is that her name? She sits up and tilts her head thoughtfully. Moving her fingers through her long dark blond hair, she studies the wasp. Did this little creature really speak to her? Or did she just imagine the words?

"Enola, come on. Come with me! We need your help!" The wasp flies ahead.

*Z*ögernd folgt ihr das Mädchen in ein Labyrinth aus dicken Stämmen und mannshohen Farnen. Überall entdeckt Enola bunte Blumen. Selbst an den Baumstämmen sprießen sie aus der groben Borke und zieren diese bis in große Höhe. Der Blütenduft lockt Schmetterlinge und ganze Scharen brummender und summender Tierchen an.

Gern möchte Enola verweilen, aber die rätselhaften Worte der Wespe haben sie neugierig gemacht. An einem Bach, dessen munteres Plätschern die Geräusche des Waldes übertönt, holt sie die Wespe ein. „Wem soll ich helfen? Und wobei? Ich ..."

Die Wespe hat auf Enola gewartet. Aber nur, um ihr den Weg zu zeigen. Schon fliegt sie am Bach entlang stromaufwärts. Bald verliert Enola sie aus den Augen. Von Stein zu Stein springend folgt sie dem Bachlauf. Ab und zu streicht sie aufdringliche Farne zur Seite oder überklettert alte umgestürzte Bäume, die mit dickem Moos überzogen sind, aus dem bunte Blümchen herausschauen.

Sie genießt ihren Lauf, die frische Luft des Waldes, das fröhliche Plätschern des Baches.

ithout thinking, the girl follows the wasp through a labyrinth of thick stems and ferns as high as men. There are beautiful flowers everywhere along the way. They bloom out of tree trunks and decorate them until high up in the sky. The subtle fragrance of the flowers attracts butterflies and many different species of humming and buzzing insects.

Enola would like to stay to admire the sheer beauty of the forest but the urgent words of the wasp made her curious. Where the noise of a babbling creek blends out the sounds of the forest, she catches up to the wasp. "Whom should I help? And with what? I ..."

The wasp, who was just waiting for Enola to point the way, is already flying ahead upstream. Soon, Enola loses sight of it as she jumps from stone to stone along the water's edge. Occasionally, she pushes obtrusive ferns out of her way and climbs over moss-covered fallen trees, out of which colourful flowers grow.

She enjoys her walk and breathing the fresh-scented air whilst listening to the creek's bubbly gurgle.

Bis ein Rauschen alles übertönt. Enola läuft schneller und mit einem Mal tritt das Grün des Waldes zurück. Sie findet sich am Ufer eines kleinen Sees wieder, in den sich aus großer Höhe ein Wasserfall ergießt.

Ehrfurchtsvoll gleitet ihr Blick an den tosenden Wassern nach oben. Auf halber Höhe sieht sie ein Schwert, das im Wasserfall zu schweben scheint. Kein Strudel, kein Spritzen stört den bezaubernden Anblick. Das Wasser fällt durch das Schwert hindurch, als ob dieses nur ein Traumbild wäre.

Gebannt tritt Enola näher. Das Schwert beginnt zu glühen, zu leuchten, immer heller. Als sie neben dem Wasserfall steht, strahlt es, als wäre es die Sonne selbst.

Die Wespe fliegt zu Enola hin. „Das Schwert. Du musst es holen."

Enola kann die Worte im lauten Tosen der Wassermassen kaum verstehen. Ungläubig sucht sie die Wespe in der feuchten Luft neben sich. „Ich? Wie soll ich das Schwert holen?"

„Kennst du nicht deine Verbindung mit dem Wasser?"

Enola schaut die Wespe fragend an. „Was für eine Verbindung?"

„Wasser, Feuer, Luft und Erde. Die vier Elemente. Jeder Mensch ist mit einem dieser Elemente verbunden. Geh ins Wasser und du wirst sehen."

*S*oon, the noise of water drowns out everything. Enola quickens her pace. Suddenly, the green of the woods recedes. She finds herself on the shore of a small lake, fed by an enormous waterfall.

Reverent, she looks up to the rushing water and spots a sword. It seems to float motionless half-way up inside the waterfall. No whirl, no squirt disturbs the sword's enchanting sight. It looks like in a dream with the water falling right through it.

Spellbound, Enola comes closer. The sword begins to glow brighter and brighter with her every step. As she reaches the waterfall's base, the sword shines as if it was the sun itself.

The wasp flies towards Enola. "The sword. You have to get it."

Drowned out by the gushing water, Enola can barely hear the wasp's words. In disbelief, she watches out for the wasp through the thick mist surrounding her. "Me? How should I get the sword?"

"Don't you know about your connection to the water?"

Clueless, Enola glances at the wasp. "What sort of connection?"

"Water, fire, air and earth. The four elements. Every human being is connected to one of them. Go to the water and you will see!"

Behutsam setzt Enola einen Fuß aufs Wasser. Er geht nicht unter. Die Wasserfläche fühlt sich ganz fest an. Staunend betritt sie den See. Sie kann auf dem Wasser laufen.

Enola strahlt. Sie dreht sich im Kreis und muss lachen. Was für ein Wunder. Am Ufer entdeckt sie die Wespe, winkt ihr zu und schaut dann zum Schwert in die Höhe. Wie kann sie es erreichen? Sollte sie den Wasserfall hinaufklettern?

Ein gedämpfter Schrei entfährt ihr, als sich das Wasser um sie herum bewegt. Eine Wassersäule steigt aus dem See empor und hebt Enola in die Höhe. Sie sieht das Schwert näher kommen, ist geblendet von seinem Strahlen und hebt die Arme schützend vor ihren Kopf. Das Schwert gleitet wie von selbst in ihre Hand. Das Strahlen erlischt und die Wassersäule fährt herab. Es scheint Enola, als falle sie und werde über dem See vom Wasser wieder aufgefangen.

Begeistert springt sie an Land und streckt das Schwert dem Himmel entgegen. Es ist leicht wie eine Feder. Enola betrachtet es genau. Unendlich viele Wassertropfen sind durch Zauberkraft in diesem Schwert vereint. Im Licht der Sonne funkeln sie wie Diamanten. Wunderschön.

Die Wespe reißt Enola aus ihrer Faszination. „Komm. Wir müssen weiter."

Enola hat Mühe zu folgen. Immer wieder lässt sie sich ablenken und erfreut sich an Moosen, Flechten und Farnen, an den kleinen Dingen, in denen die Schönheit des Waldes zu Tage tritt.

Carefully, Enola takes a step forward, touching the surface of the water. Her foot doesn't go under. The water is as hard as stone. Amazed, she steps on to the lake. She can walk on water.

Enola beams. She dances around in circles and starts to laugh. What a miracle! She spots the wasp on shore and waves to her. Then she raises her view to admire the sword. How can she reach it? She could climb up the waterfall, couldn't she?

Enola's mouth escapes a scream when the water around her starts to move. A geyser rises from the lake, moving her higher and higher. She watches the sword coming closer and blinded by its brightness, she rises her hands to cover her face. The sword finds its way into her hands by itself and its shine fades while the geyser recedes into the lake. Enola feels like she's falling until the water on the lake's surface catches her softly.

Enthusiastically, she jumps on shore, pointing the sword towards the sky. It's as light as a feather. Enola examines the sword, which is made of millions over millions of tiny water drops, magically entwined together. They sparkle like diamonds in the sunlight. Simply gorgeous.

The wasp breaks Enola's fascination. "Come on. We have to go, there's no time to waste."

Enola struggles to keep up. Again and again she is distracted by mosses, lichens and ferns, tiny little things reflecting the forest's beauty.

*A*uf einmal ist der Wald zu Ende. Enola schreitet an den letzten Bäumen vorbei und sieht sich einer trostlosen Steinwüste gegenüber. Kein Baum, kein Strauch, kein noch so kleines Tier. Nicht einmal einen Grashalm kann sie entdecken. Stattdessen Sand, Kies, Stein und Fels. Ödland. Totes Land.

Unbeirrt schwirrt die Wespe weiter.

Enola bleibt stehen. „Ich geh da nicht raus. Niemals." Bestürzt schüttelt sie den Kopf.

Die Wespe kommt zurück. „Aber du musst. Siehst du die Burg in der Ferne?"

Tatsächlich kann Enola im Flimmern der Hitze eine Festung erkennen. Sie steht auf einem Hügel inmitten mächtiger Felsen.

„Dort haust ein böser Dämon. Seinetwegen ist hier alles Leben erloschen."

Fragend blickt Enola die Wespe an. „Was ist ein Dämon?"

Unexpectedly, the forest ends and Enola passes the last trees before facing an endless desert. She's unable to spot a tree, nor a bush or one of the smallest animals. Not even a blade of grass. Instead, sand, gravel, stones and rocks. Wasteland. Dead land.

Undisturbed, the wasp buzzes ahead.

Enola stops. "I'm not going out there. No way." She shakes her head.

The wasp comes back. "But you have to. Can you see the castle in the distance?"

Enola blinks and indeed, she spots a fortress through the glimmer of the rising heat. A castle towers on a mountain top surrounded by mighty rocks.

"An evil demon dwells over there and because of him all live has vanished."

Puzzled, Enola gazes at the wasp. "What's a demon?"

Ein Wesen mit Zauberkräften, stark, mächtig und oft sehr böse. Doch du kannst ihn besiegen, Enola."

„Ich? Ein Kind? Wie sollte ich einen Dämon besiegen?"

„Du hast das Zauberschwert."

„Das Schwert …" Enola hebt es ehrfurchtsvoll vor ihre Augen. Es funkelt sie an, in allen Farben des Regenbogens. Sie sieht seine Schönheit und spürt seine Macht. „Ja, ich habe das Schwert." Aber Zweifel kommen in ihr auf. „Glaubst du, es genügt, das Schwert zu besitzen?"

Die Wespe lässt sich auf Enolas Schulter nieder. „Natürlich nicht. Du musst auch wissen, was zu tun ist. Verlass dich auf dein Gefühl. Hab Vertrauen in die Natur. Auch wenn du meinst, sie hier nicht entdecken zu können. Und nun geh los, Enola!"

"A being with magic powers, strong, mighty and often very evil. But you can beat him, Enola."

"Me? I'm just a child. How am I supposed to beat a demon?"

"You have got the magic sword."

"The sword …" Reverent, Enola lifts it up. She can see how it sparkles and shines in the colours of the rainbow. Still admiring the beauty and feeling the sword's power, Enola responds. "Yes, I have got the sword." But her confidence fades quickly. "Do you really think this is enough? Just owning the sword?"

The wasp lands on Enola's shoulder. "Of course not. You have to know what to do when the time comes. Listen to your heart. Seek trust in nature. Even if it seems like there's no nature out there. Now go on, Enola."

*K*ein Schatten, wie im Wald. Keine frische Luft, kein Wasser, kein Leben. Mechanisch geht Enola ihren Weg. Sie wischt sich mit dem Ärmel den Schweiß von der Stirn und schaut vom Boden auf.

Schlagartig bleibt sie stehen. Aus dem Flimmern der Luft lösen sich dunkle Gestalten und kommen auf sie zu. Enola kann im Schatten ihrer Kapuzen starre Gesichter erkennen und sieht mit Unbehagen die dunklen Schwerter, die nur teilweise von ihren Umhängen verhüllt werden.

„Geh nach Hause, kleines Mädchen." Die Worte klingen hart und verächtlich.

Enola senkt ihren Blick. Ihr Atem geht schnell, unregelmäßig. Sie spürt ihren Herzschlag bis zum Hals und versucht vergeblich, das Zittern ihrer Hände zu kontrollieren. Als sie zurückweicht, fliegt die Wespe von ihrer Schulter. Die dunklen Krieger beginnen, nach der Wespe zu schlagen.

Augenblicklich fällt alle Furcht von Enola ab. Sie fährt dazwischen. „Hört auf! Wieso tut ihr das? Sie hat euch nichts getan."

„Sie lebt. Das gefällt uns nicht."

„Aber ..." Enola ist fassungslos. „Aber das Leben ist der Sinn der Welt. Was wäre die Welt ohne Leben? Seht ihr den Wald dort hinten?" Enola blickt über ihre Schulter zurück. „Jede noch so kleine Pflanze, jede Spinne, jeder Käfer oder Wurm hat seine Aufgabe ..."

*T*here is no such thing as shade in the woods. No fresh air, no water, no life. Like a robot, Enola makes her way towards the castle. With her sleeve, she wipes the sweat from her forehead and glances up.

Suddenly, she stops. Through the flickering air, she can see dark shades which are coming closer and closer. Enola can make out callous faces, hidden by the shadows of the dark warriors' hoods and unease creeps up her back when she notices dark swords, partly hidden inside their cloaks.

"Go home little girl." The words sound harsh and contemptuous.

Enola lowers her gaze. Her breath is heavy and irregular. She can feel her heartbeat getting faster and she is unable to control her trembling hands. When she moves back, the wasp leaves her shoulder. The dark warriors try to catch the wasp.

At that very moment, Enola regains her courage. Quickly, she steps between the wasp and the fighters. "Stop it! Why are you doing this? The wasp hasn't done anything to you."

"She lives. We don't like that."

"But ..." Enola is bewildered. "But life is the centre-piece of all being. What would the world be like without life? Can you see the forest behind me?" Enola looks back over her shoulder. "Every tiny plant, every spider, every bug or worm has a purpose ..."

„Genug!" Die dunkelste der Gestalten reißt ihr Schwert in die Höhe und lässt es auf Enola herabsausen.

Sie pariert den Hieb mit ihrem Zauberschwert, dann den nächsten und noch einen. Mit einem Mal findet sich Enola mitten in einem Kampf wieder. Sie weiß nicht, woher ihre Fähigkeiten kommen. Das Zauberschwert scheint sie zu führen. All ihre Bewegungen und Drehungen zur Abwehr der Hiebe der Angreifer sind fließend und schnell. Sie spürt, was sie tun muss. Rechts parieren, dann links, abducken, drehen. Das Knie auf dem Boden, das Schwert über ihrem Kopf.

Obwohl sie die Angreifer mit Leichtigkeit abwehren kann, ist Enola verzweifelt. Wie können diese Krieger auf ein Kind einschlagen? „Hört auf damit! Wir haben euch doch nichts getan!"

"Enough!" The darkest warrior raises his sword and attacks Enola.

She parries the first hit with her magic sword, then the next and another. Instantly, Enola finds herself in the middle of a fight. She doesn't know where her skills are coming from. The magic sword seems to lead her. Every move or twist to parry the dark warriors' attacks is fluent and swift. She feels what to do. Parry right, then left and duck and turn. Going down on one knee, she raises the sword above her head.

Although she is able to parry her attackers easily, Enola is desperate. Why do these warriors fight a child? "Stop. Please. We haven't done anything to you!"

*A*ber sie hören nicht auf. Es werden immer mehr und Enola gibt sich in ihrer Verzweiflung dem Schwert hin, das sie dazu bewegt, nicht nur abzuwehren, sondern selbst anzugreifen.

Jeder vom Zauberschwert getroffene Gegner verwandelt sich, zu ihrer Überraschung, in grauen Nebel. Nach kurzer Zeit findet sich Enola in einer riesigen Nebelwolke wieder. Alle Krieger sind verschwunden.

Entsetzt starrt Enola auf das Schwert in ihrer Hand. Sie spürt, wie es ihrem Griff entgleitet. Durch einen Tränenschleier sieht sie es zu Boden fallen. Sie will es nicht mehr. Sie will nicht mehr kämpfen. Nicht so. Dieses Schwert hat von ihr Besitz ergriffen. Es hat sie verändert und zu einer Kriegerin gemacht. Sie allein konnte alle Gegner besiegen. Aber dem trockenen Land, auf dem sie steht, hat das nichts geholfen. Still weint Enola vor sich hin.

ut they don't stop. Their number increases and desperately, Enola devotes herself to the sword. It now leads her not only to parry but also attack.

To her surprise, every enemy she destroys with the magic sword turns into grey mist. Soon, she finds herself in the middle of a huge cloud of it. All the warriors are gone.

Appalled, Enola stares at the sword in her hand. She loses grip and it drops to the ground. Through a veil of tears, she watches its fall. She doesn't want it anymore. She doesn't want to fight ever again. Not like this. She feels like the sword possessed her. It changed her mind, turned her into a warrior, so she was able to defeat her enemies by herself. However, this fighting didn't help the dry land on which she stands. Silently, Enola weeps to herself.

Währenddessen verdunkelt sich der Nebel. Enola schaut auf. Eine einzige düstere Gestalt erscheint in der Ferne. Schnell kommt sie näher.

„Der Dämon, Enola. Nimm das Schwert! Du musst es wieder aufnehmen." Aufgeregt kreist die Wespe über dem Zauberschwert.

Enola tritt einen Schritt zurück. Ihr Gesicht ist feucht von Tränen. Ohne etwas zu sagen, schüttelt sie heftig mit dem Kopf.

„Bitte Enola, nur mit dem Schwert kannst du den Dämon besiegen und unser Land retten. Wenn du das willst, dann nimm das Schwert wieder auf." Die Wespe zögert kurz. „Ich weiß, du fürchtest seine Macht. Aber du kannst ihr widerstehen. Ich fühle, dass du es kannst. Und du fühlst es auch."

Enola blickt auf. Sie kann die Wespe kaum noch erkennen. Der Nebel ist fast schwarz, der Dämon nur einen Steinwurf entfernt.

*M*eanwhile, the fog becomes darker. Enola looks up. In the distance, a dark shade appears. Rapidly, it comes closer and closer.

"The demon, Enola. Pick up the sword! You have to pick it back up." The wasp circles above the magic sword in excitement.

Enola steps back, tears in her eyes. Without saying anything, she shakes her head.

"Please, Enola, only with that sword you can defeat the demon and save our homeland. If you really want to help us then pick up the sword." For a moment the wasp hesitates. "I know you're afraid of its power. But you can overcome it. I feel you can and you know that, too."

Enola looks up. With the demon only a few meters away, she can hardly make out the wasp through the almost black fog around her.

„Du hast mir meine Armee genommen, nun stelle dich mir selbst!" Die Gestalt hebt ein schwarzes Schwert in die Höhe. Es ist auch ein Zauberschwert. Ein Schwert, das das Licht verschluckt. Ein Schwert voller Hass. Voller Hass auf alle Menschen, Pflanzen und Tiere, voller Hass auf die ganze Welt.

Drohend kommt der Dämon auf Enola zu. Zu ihrer Verwirrung ist er kein Ungeheuer, kein Monstrum, kein geisterhaftes Wesen. Unter der Kapuze versteckt sich ein Junge. Diese Erkenntnis lässt Enola endgültig verharren. Sie weiß nicht, was ihn zum Dämon werden ließ. Sie weiß nicht, warum er böse geworden ist und die Welt in Ödland verwandeln will. Und sie weiß nicht, wie sie ihn besiegen soll. Verzweifelt sieht sie den Dämon näher kommen.

Unverhofft beginnt das Zauberschwert zu leuchten. Verwundert blickt Enola zu Boden. Es funkelt, als spiegele sich ein blauer Sternenhimmel in diesem Schwert. Aber es sind keine Sterne, es sind Wassertropfen. Unendlich viele Wassertropfen, die im Schwert gefangen sind. Das Schwert ist aus Wasser. Wasser ist Leben. Wasser ist, was dieses Land braucht. Und Enola weiß, was sie tun muss.

Blitzschnell kniet sie nieder und ergreift das Schwert. Sie fasst es ganz fest. Während sie aufspringt, konzentriert sie all ihre Gedanken auf das Zauberschwert in ihrer Hand. Sie spürt die Kraft, die es ihr verleiht. Sie fühlt das Wasser in seinem Inneren. Kurz bevor der Dämon sie erreicht, holt sie aus und wirft. Ihr Schwert fliegt in den Himmel hinauf.

"You destroyed my army and now, I will make you pay for it!" The demon raises a black sword. It is also a magic sword. A sword, which absorbs all light around them. A sword filled with hatred. Hatred against mankind, plants and animals. Hatred against the whole world.

In a threatening way, the demon approaches Enola. To her confusion, he is neither a monster nor a ghost. Hidden under the hood is a boy. This realization catches Enola off guard. She doesn't understand why the boy has turned into a demon. She doesn't understand why he has become evil and wants to turn the world into a wasteland. And she doesn't know how to defeat him. In despair, Enola watches him come closer.

Unexpectedly, the magic sword lightens up more and more. Astonished, Enola lowers her gaze. It sparkles as if stars on a blue sky are reflected in the sword. But those aren't stars, they're water drops. Millions over millions of water drops, caught inside the sword. This sword is made of water. Water is life. Water is what this land needs. Instantly, Enola knows what to do.

Quicker than lightning, she kneels down and seizes the sword. She holds it tightly and jumps up, collecting her thoughts about the sword in her hand. She feels the power it gives her. She feels the water that it holds. Just as the demon stands in front of her, she reaches back and throws her sword into the sky.

*K*ampf bringt nur Leid. Das Schwert aber bringt Regen. Es wird weit oben im Himmel vom Wasser in seinem Inneren förmlich auseinander gerissen. Unzählige Wassertropfen werden freigesetzt.

In diesem Moment ist der Dämon ganz nah. Enola spürt seinen Hass, seinen Zorn. Sie sieht sein Schwert auf sich zurasen, reißt die Arme schützend vor ihren Kopf, schließt die Augen und erwacht zu Hause aus einem Traum.

*

Schnell atmend sitzt sie aufrecht im Bett. Sie ist verschwitzt und braucht etwas Zeit, um ihr Zuhause zu erkennen. Ihre Kuscheltiere, ihr Malzeug auf dem Schreibtisch, daneben ihre Flöte, ihre Bücher auf dem Regal, das Bild einer Wespe über ihrem Bett. Vor ihrem Fenster wiegen sich Bäume im Morgenwind. Regen peitscht gegen das Glas.

Enola erinnert sich an ihren Traum und weiß, was in der Traumwelt geschieht.

*

Der Dämon steht inmitten des gelbgrünen Nebels, in den sich das Mädchen verwandelt hat. Er schaut zum Himmel. Unendlich viele Wassertropfen fallen auf das Ödland herab. Der Regen kitzelt den Jungen im Gesicht. Er spürt die Wassertropfen auf seiner Haut. Sein Schwert entgleitet seiner Hand. Im Regen löst es sich langsam auf. Und mit dem Schwert verschwindet der Hass, der den Jungen zum Dämon werden ließ. Verwundert blickt er sich um.

War and weapons bring nothing but sorrow. Except for this sword, it brings rain. High up in the sky, it gets torn apart by the water from inside. Countless water drops are released.

At this moment, the demon is very close. Enola feels his hatred, his thorn. She can see his sword racing towards her and raises her arms to protect her head. She shuts her eyes and wakes up back at home. It was only a dream.

*

Whilst breathing quickly, she sits up in her bed. She is soaked in sweat and needs a little time to recognise that she's at home. Her stuffed animals, her crayons on the desk besides her flute, her books on the shelf, a picture of a wasp above her bed. Outside her window, trees sway in the morning wind and raindrops fall against the window in her room.

Enola remembers her dream and she can feel what's happening in the dreamworld.

*

The demon finds himself in the middle of the yellow green fog, which is all that's left of the vanished girl. He looks up to the sky. Countless drops of water pour down on the dry land around him. The rain covers the boy's face. There are drops of water all over his skin. The sword slides out of the boy's hand, dissipating in the rain. And with the sword, the hatred, which turned the boy into a demon, disappears. Amazed, he looks around.

Das Wasser haucht dem trockenen Boden neues Leben ein. Und über allem entfaltet sich ein Zauber, der augenblicklich die Samen aufgehen lässt, die in der Erde schlummern.

Kleine Knospen schießen überall aus dem Boden. Sie streben nach oben, der Sonne entgegen und entfalten sich. Schon ist das Land wieder grün und bunte Blumenwiesen breiten sich über dem Ödland aus.

Dann kommen die ganz kleinen Tiere. Der Junge hört das Summen von Fliegen und Mücken, von Bienen, Hummeln und Wespen. Er beobachtet Schmetterlinge bei ihrem Tanz im Sonnenschein. Käfer krabbeln an Halmen auf und ab. Spinnen weben ihre Netze im Gras. Unter Steinen wohnen Asseln, Tausendfüßer und Ameisen. Regenwürmer lockern den Boden auf.

Der Junge schaut einer Wespe nach, die zum Wald hinüberfliegt. Langsam macht er sich auf den Weg, ihr zu folgen …

The water soaks into the dry ground. Magic spreads across the land and immediately, the seeds, which lie dormant, begin to sprout.

Everywhere, little buds emerge from the ground. They strive up towards the sun and flourish. Soon, the landscape is green and colourful meadows full of flowers cover what was wasteland once.

At first, tiny animals arrive. The boy hears the buzzing of flies and mosquitoes. Shortly followed by bees, bumble-bees and wasps. He watches butterflies dancing in the sunlight. Beetles climb up and down blades of grass. Spiders weave their webs in the grass. Isopods, centipedes and ants come out from under the stones. Earthworms start to loosen the ground.

The boy's glance follows a wasp flying towards the woods. Slowly, he starts to follow her …

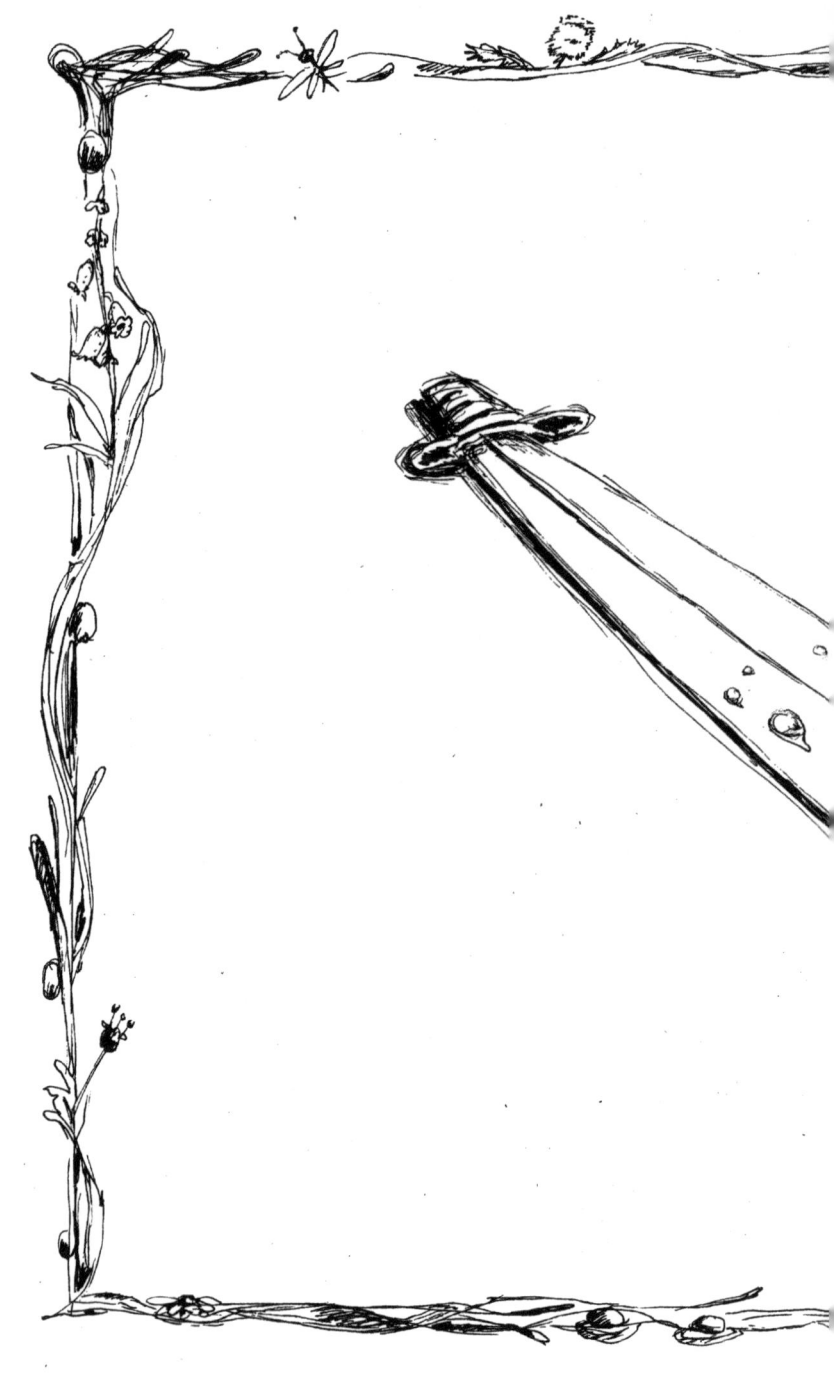

Danksagung

Im Jahre 2007 schrieb ich für meine Kinder eine Fantasygeschichte über ein Zauberschwert aus Wasser. Sie wollten sofort mehr hören und so entstanden drei weitere Geschichten über die verbliebenen Schwerter der vier Elemente.

All diese Geschichten zusammen finden sich in meinem Buch „Naterra - Die Schwerter der vier Elemente".

Im Jahre 2011 hatte ich die Idee, ein kleines Buch herauszugeben, das eine Geschichte in zwei Sprachen enthält. Ich nahm dafür die Geschichte des Wasserschwertes, doch als das Buch fertig war, fand ich es nicht besonders gut.

Mit meiner erwachsenen Tochter Nicole, die für eine Weile in Australien lebt, hatte ich jetzt jedoch eine sehr gute Übersetzerin. Und eine andere gute Freundin von mir, die auch Nicole heißt, malt außergewöhnliche Bilder. Also versuchte ich es noch einmal und finde es große Klasse.

Vielen Dank an euch beide! Ohne euren Zauber wäre dieses Buch nie entstanden.

André Pfeifer
Januar 2020

Acknowledgements

I actually wrote this fantasy story about a sword made of water for my two kids in 2007. Instantly, they asked me to write more, so three more stories about the remaining swords of the four elements came to life.

Those stories put together created my book "Naterra - The Swords of the Four Elements".

In 2011, I had the idea to publish a small book that contains a story in two languages. I used my first story about the sword made of water, but when I put it together, it was not quiet like I wanted it.

But now, with my grown up daughter Nicole living in Australia for a while, I had a very good translator. And another good friend of mine, called Nicole as well, draws extraordinary pictures, so I gave it another go and I am happy with it.

Biggest thanks to both of you! Without your magic this book would never have made its way into life.

André Pfeifer
January, 2020

André Pfeifer

Naterra
Die Schwerter der vier Elemente

Taschenbuch, 168 Seiten, 7,90 €
ISBN 978-3-7504-0979-8

André Pfeifer
Naterra
Das Buch von Terr

Taschenbuch, 228 Seiten, 9,90 €
ISBN 978-3-7347-7236-8